Hechizo de Endulzamiento

Juan Marcos Romero Fiorini

(2024)

Este es uno de los hechizos más conocidos y solicitados por personas en diferentes circunstancias, pero si bien mucho se ha hablado de él, también existe mucha desinformación al respecto.

Popularmente se confunden los hechizos de endulzamiento con los amarres, algunos inclusos creen que son iguales, aunque son muy diferentes, ya que el amarre busca sujetar a una persona contra su voluntad, violando el libre albedrio de la misma e infundiendo una intención en ella (que se quede en pareja con alguien), por otra parte, los Endulzamientos buscan fomentar la energía amor en una o más personas, si se realizan de forma correcta (sin afectar la voluntad de otra persona) pueden resultar muy benéficos, abriendo el camino del amor para alguien que busca enamorarse, como también restaurar la atracción de una relación que pasa por un tiempo difícil.

Un Endulzamiento es un Hechizo de magia practica que busca despertar la energía del amor en una o más personas.

Este es un hechizo que fue popularizado con este nombre por la santería principalmente pero que se encuentra en la magia desde sus inicios, siempre el ser humano buscó en la magia armonizar el amor en su vida y desde entonces esta clase de rituales existen, han evolucionado a lo largo del tiempo y según la cultura cambian algunos de los pasos a la hora de realizarlos, pero existen desde antaño y seguirán existiendo por muchísimo tiempo más, ya que su efectividad es innegable.

Se le llama Endulzamiento por la intención es justamente endulzar, hacer que la persona energéticamente se predisponga a la energía amor, haciendo que deje patrones de negación hacia el cariño, que reconozca mejor sus sentimientos más profundos, que despierte el amor propio y la autoestima.

Es importante aclarar que los Endulzamientos no pertenecen a una tradición mágica en especial y que no están asociados a ninguna divinidad en especial.

El Endulzamiento es un hechizo de magia práctica, por lo que está conectado a las fuerzas naturales y elementales. Aclarado esto, si podemos mencionar que algunos practicantes de la magia piden asistencia a sus divinidades para que los asistan en el proceso mágico, buscando que estás bendigan y operen a favor de ellos, lo cual solo es recomendable si conectas con dichas deidades (no se recomienda trabajar en la magia con divinidades que no conoces o con las que no generaste un vínculo).

En el momento en que se realiza el hechizo la persona suele sentir una sensación de bienestar y armonía, ya que en el plano energético está recibiendo energía de la frecuencia amor desde una fuente externa a ella, como por ejemplo de una fuente planetaria como es Venus.

Este caudal de energía al ingresar en el ser, se mezcla con la energía amor ya existente elevando las vibraciones en todo su cuerpo, en todos los planos. Al hacerlo la persona se reconecta con esta energía, llevándola a que por correspondencia busque reconectarse desde el plano físico y concreto con el amor, esto en algunos casos se traduce en amor propio, en personas que están en relaciones les permite re-encontrarse, despertar la sexualidad y para otra encontrar personas que estén en la misma frecuencia, es decir, abrir los caminos en el amor.

- Cuando una persona estuvo mucho tiempo sola y desea volver a enamorarse.

- En situaciones especiales donde se está conociendo a alguien y se desea que se revele si realmente existe un interés verdadero.

- En relaciones de pareja que han pasado por situaciones difíciles y necesitan restaurar el amor entre ellos.

- Para revivir el amor de pareja que llevan juntos mucho tiempo y el acostumbramiento hizo que caigan en la monotonía.

- Para despertar la sexualidad en parejas que no se están logrando conectar o que hay pérdida de interés sexual.

Los Endulzamientos no son recomendados cuando no hay consentimiento de las partes, es decir, si se trata de una pareja ambos tienen que estar de acuerdo y comprometidos en querer revitalizar la relación. Por lo cual, cuando una de las partes no sabe que es lo que desea para su vida, no se deben realizar esta clase de prácticas ya que de hacerlo la persona no resuelve lo que le pasa internamente y pasa al estado de enamoramiento, asegurando que esa confusión previa vuelva a surgir con más fuerza pasado poco tiempo y trayendo problemas más graves para la relación.

Cuando la relación acaba de finalizar o ambos se están tomando un tiempo y se encuentran distanciados, no se recomienda realizar esta clase de prácticas por varios motivos, ya que estarías haciendo que una persona que está en estado de confusión o reflexión pase a un estado de enamoramiento sin resolver los problemas de fondo, como mencionamos anteriormente, pero además, al no tener el compromiso o la intención del otro en reparar la relación estarías manipulando el libre albedrío de otra persona, por lo cual tendrás tu propio aprendizaje al ser influenciado por la magia en igual intensidad desde otra área de vida.

Recuerda siempre la regla de oro de la magia: *"haz tu voluntad sin dañar a nadie"*

Aclaración: cuando la regla dice sin dañar también refiere a "sin doblegar", "sin manipular", "sin dominar", etc.

Siempre antes de realizar cualquier hechizo es importante realizar un diagnóstico, sin importar lo que diga la persona que lo solicita, ya que a veces la misma situación emocional que la atraviesa la lleva a ocultar parte de los hechos, mentir o incluso auto-engañarse, incluso cuando de endulzamiento se trata, es común que algunas de las personas que lo solicitan estén obsesionadas.

Para realizar el diagnóstico, simplemente realizaremos una sesión de lectura oracular con la persona para comprender mejor la situación y buscar que sea nuestro oráculo quien nos confirme si verdaderamente un Endulzamiento es lo apropiado o si otro tipo de prácticas sería mejor. Ejemplo: Es común que algunas personas soliciten un Endulzamiento como último recurso para salvar la relación (lo cual no funcionará, ya que el Endulzamiento se hace para despertar el amor, de no haber amor entre ambos no tendrá efecto favorable).

Los Endulzamiento son hechizos, por lo cual impactan en el campo energético de la persona, si se lo realiza más de una vez la energía amor que recibe la persona, o personas, se acumula aumentando los resultados.

Es importante aclarar que siempre se busca dejar que un Endulzamiento haga efecto, es decir, que el cuerpo de la persona que recibe esa energía pueda sentirla y asimilarla. Por lo cual, no se debe realizar esta clase de hechizos seguidos de un día para el otro, lo recomendable es hacer uno por semana como máximo o cada quince días, esto es de acuerdo a la situación.

Es muy común que algunos practicantes realicen un endulzamiento semanal hasta que la persona armoniza su situación y luego realiza otro a los 15 días o 20 días para sellar el proceso. Esto es porque la persona durante un buen tiempo recibió mediante un hechizo energía externa en un área de su vida para armonizarse y si dicha persona venía de un tiempo de angustia o depresión puede que le cueste mantener ese estado de bienestar.

Esto último es algo que debemos tener en cuenta, cuando la persona no se encuentra bien y comienza este proceso puede generar dependencia, es decir, puede que se den situaciones donde la persona crea que para estar bien necesite esta clase de hechizos, eso se le conoce como "dependientes espirituales", personas que no pueden vivir normalmente si no los asistes con un hechizo o ritual, es más común de ver de lo que se cree. Cuando estés ante un caso de una persona que sigue solicitando hechizos o rituales, pero tú sabes que es por dependencia y que sus problemas se deben solucionar de otra manera, lo mejor es recomendar a la persona que realizar terapia psicológica puede ayudarle en el proceso que se encuentre y explicarle que realizar hechizos de forma seguida en la vida de una

El mejor momento para realizar este hechizo es el día viernes para aprovechar la corriente venusina de ese día, pero puede ser realizado en luna llena para que se potencie con la corriente lunar. También algunos practicantes lo realizan en el día lunes, ya que es el día de la luna.

Los materiales que se utilizaran son:

3 puñados de petalos de Rosas (En caso de no tener Rosa puedes remplazar con jazmín, Azahar, Malva, Margarita o Azucenas).

3 cucharadas de Almizcle (En caso de no conseguir puedes utilizar Benjuí, Cardamomo, Enebro, Violeta o Geranio).

3 puñados de Canela en polvo o triturada (En caso de no tener puedes remplazar por pimienta roja, melisa, menta o Romero).

3 Puñados de Azúcar

Miel

Vela con forma o lisa (más adelante se brindan las correspondencias de velas según forma y color).

Siempre antes de comenzar cualquier práctica mágica debes realizar un centramiento para estar alineado y poder pedir asistencia a tus guías, ancestros, maestros y/o elementales (el llamado es realizado de acuerdo a la tradición mágica de cada uno).

1- Una vez recibidas a las energías vamos a pedir su bendición para el hechizo que vamos a realizar, diciendo:

"Yo… (nombre)… me presento con humildad ante ustedes Dioses … (nombre de la o las divinidades) … solicitando su bendición y asistencia, para realizar este hechizo y endulzar a … (nombre de la o las personas) …"

Aclaración 1: Muchos practicantes inmediatamente después de estas palabras agregan "por el motivo…", y expresan la situación. Esto lo realizan porque es una forma de encomendar a los Dioses que asistan a la persona con la intensidad que ellos consideren y de la forma en que crean mejor para esa persona.

Aclaración 2: Las Divinidades con las que se suele conectar en esta clase de hechizos y solicitarle asistencias son aquellas que fueron invocadas desde la antigüedad para conectar con la energía del amor, la sexualidad sagrada, especialmente las que eran convocadas en el tiempo de Beltaine y primavera, como también aquellas que tenían una correspondencia con el planeta Venus o también algunas que tenían un vínculo con la Luna.

Algunas de ellas son: Venus, Afrodita, Oshun, Yenmanja, Áine, Bastet, Hathor, Freyja, Frigg, Xochiquetzal, entre otras.

2- Luego procederemos a presentar y despertar el espíritu de las hierbas que vamos a utilizar, como también de la miel y el azúcar.

Tomaremos una a una nuestras hierbas en nuestras manos y diremos:

"despierta despierta ... (nombre de la planta) ...,

espíritu despierta,

que a mi voz escuches,

que a mi aliento atiendas,

... (luego repetimos tres veces el nombre de la planta)

...

Al finalizar le daremos un pequeño soplo para transmitir nuestra intención y despertar sus poderes.

De la misma forma haremos con el azúcar y la miel.

3- Luego vamos a concentrarnos en la energía que proviene de Venus y conectar con la corriente venusina.

Visualizamos su energía y la canalizamos hacia nuestro sigilo circular de Venus, en el centro de nuestro altar o espacio ritual.

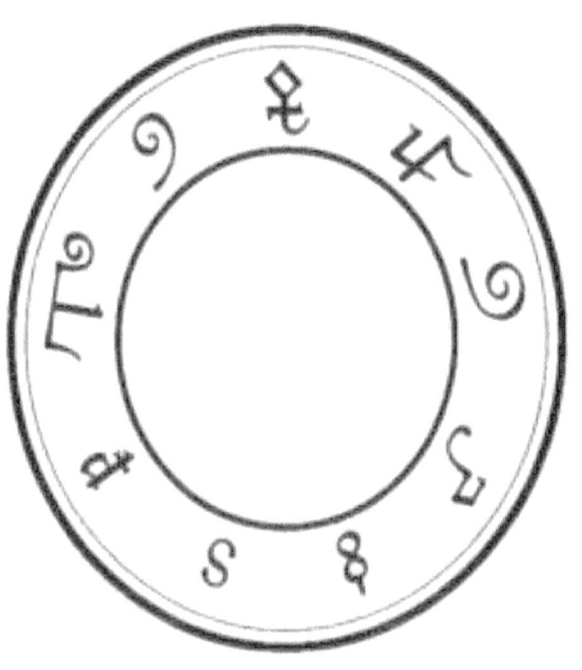

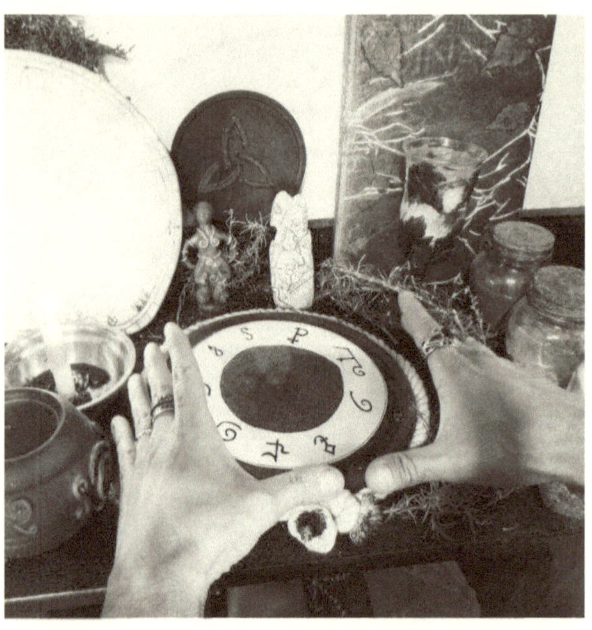

4- Una vez realizado esto podemos comenzar a trabajar con nuestra vela dentro del circulo de Venus.

Vamos a tomar nuestra vela y con una punta de madera, pluma o espina, colocaremos el nombre completo y fecha de nacimiento de la persona o pareja con la cual vamos a trabajar. Esto lo aremos sin dejar espacios, escribiendo desde el pabilo hacia la base, ya que buscamos atraer la energía venusina hacia la persona o pareja.

5- Luego tomaremos la miel y untaremos la vela desde el pabilo hacia la base diciendo: "Que espíritu de la abeja derrame en … (nombre de la persona) … su bendición endulzando y armonizando su corazón, mente y espíritu, que sea haga el amor en ella".

6- Tomamos el azúcar y espolvoreamos sobre la vela desde el pabilo hacia la base diciendo:

7- Luego tomas tres puñados de la hierba que vas a utilizar y la colocas espolvoreando sobre la vela desde el pabilo hacia la base diciendo:

"que el espíritu de ... (nombre de la hierba) ...
brinde sus cualidades a
... (nombre de la persona) ...,
que el amor se manifieste,
que la armonía se haga presente

Este procedimiento lo repetimos con cada una de las
hierbas.

8- Luego se coloca la vela en el centro del circulo
de Venus, tomate un momento contemplando la
energía que fluye por él y cuando lo sientas
enciende la vela diciendo:

9- Luego vas a dejar consumir la vela, observando
si de la llama, cera o sello transmite algún
mensaje y al finalizar vas a dar gracias a los
Dioses, ancestros, maestros, elementales que te
asistieron y luego tomaras todos los residuos y

los llevaras a un lugar natural para enterrarlos.
Al realizar el entierro procura llevar alguna
ofrenda a los espíritus del lugar para que reciban
bien esos restos del hechizo, la ofrenda puede ser
leche, tabaco, azúcar o semillas.

A menudo vemos que se usan diferentes tipos de velas o de distintos colores en los endulzamientos, esto suele variar de acuerdo a la tradición mágica pero también de acuerdo a lo que se busca con el endulzamiento.

A continuación, veremos los distintos tipos de velas que se pueden utilizar ajustados a la intención.

Es importante aclarar que la forma o color de la vela ayuda al practicante de la magia a visualizar y canalizar mejor su intención, pero no significa que no pueda realizar el hechizo si no tiene una de esas velas, cualquier vela puede ser remplazada por una vela blanca o de cera de abeja.

Vela color Rojo: Cuando se busca endulzar a la persona para que se abra a nuevas relaciones amorosas o cuando se busca restaurar el amor y la sexualidad en una pareja.

Vela color Rosa: cuando se busca endulzar el amor de la persona en el entorno familiar, como también cuando se trata de restablecer el amor propio.

Vela color Celeste: es utilizada cuando se realiza el endulzamiento con Divinidades que te asisten vinculadas con el elemento Agua o la Luna, como Yenmanja.

Vela Plateada: es elegida cuando la divinidad que asiste al endulzamiento es una Diosa Lunar, se utilizan para el amor de pareja, abrir el corazón a un nuevo amor y para amor propio.

Vela Dorada: es elegida cuando la divinidad que asiste es solar o cuando se busca un despertar desde la sexualidad, en parejas especialmente.

Vela con forma de Hombre: es utilizada cuando la persona que recibe el hechizo de endulzamiento es un hombre.

Vela con forma de Mujer: es utilizada cuando la persona que recibe el hechizo de endulzamiento es una mujer.

Vela de pareja: es utilizada cuando es una pareja la que recibe el hechizo de endulzamiento.

Vela de corazón con una mecha: es utilizada cuando es una persona la que recibe el hechizo de endulzamiento, sea para despertar la energía amor en la vida de la persona, como para el amor propio.

Vela de corazón con dos mechas: es utilizada cuando es una pareja la que recibe el hechizo de endulzamiento.

El uso de Simbolismos en los Endulzamientos es muy común, trazándolos en la misma vela para potenciar la intención mágica que se busca y enfocar mejor la energía.

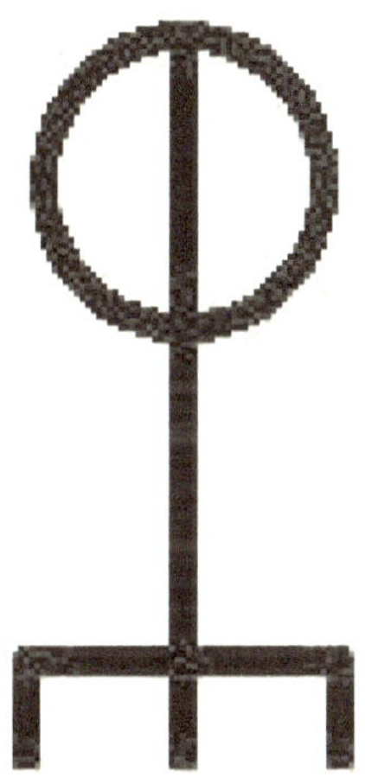

Bindrune de Amor: Este Bindrune es especialmente utilizado para potenciar el amor propio y la energía amor en la persona cuando se realizan Endulzamientos orientados a restaurar el amor en una persona.

También puede ser utilizados en parejas para elevar la frecuencia del amor en la relación.

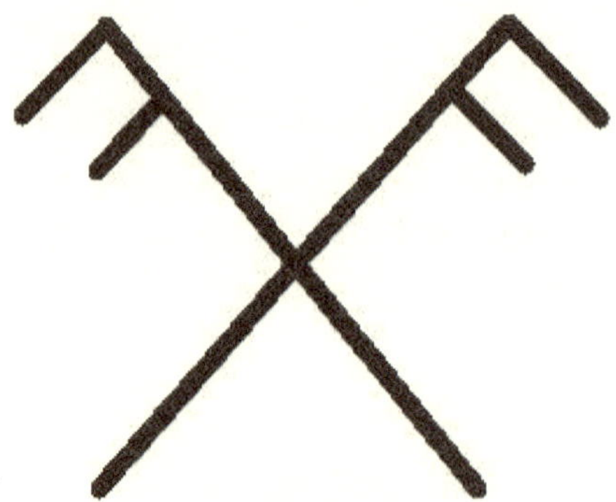

Agaz: Este es un Bindrune que principalmente es usado para fortalecer el amor en los recién casados o para conocer nuevas relaciones. En los Endulzamientos para restaurar el amor de la relación puede ser usado para generar mejor comunicación entre ambos, como también en los endulzamientos individuales para abrir los caminos en el amor y fomentar que nuevas personas llegue.

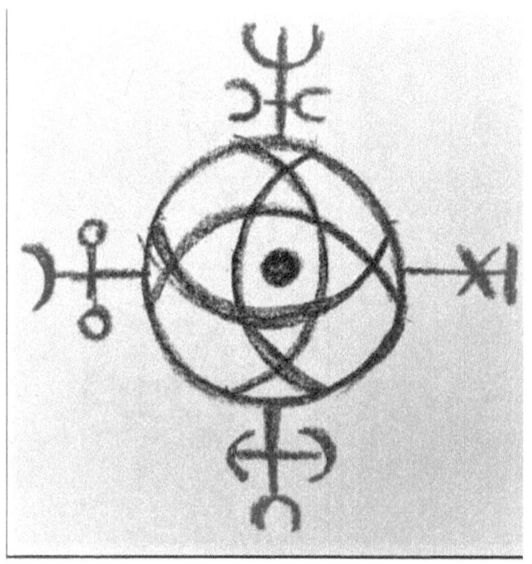

Átirstafir: Es un amuleto que se utiliza para proteger la relación y fomentar el amor entre dos personas. En los Endulzamientos es utilizado cuando esa relación se encuentra teniendo que superar realidades de vida difíciles como la pérdida de un hijo, etc. Al utilizarlo, parte de la energía que se canalice en el endulzamiento se concentrara en mantener unida dicha relación.

Ástarstafur: Este es un sigilo Irlandez para atraer el amor a la vida de una persona. Es utilizado en Endulzamientos para abrir los caminos en el amor.

Freyjakissa: Este es un Bindrune vinculado a la Diosa Freyja, el cual es utilizado por aquellos practicantes que conectan con ella para atraer y fomentar la energía del amor en sus vidas. En los Endulzamientos de pareja es utilizado para despertar el amor, la sexualidad y la armonía en la relación. También es utilizado en Endulzamientos personales donde se busca que la persona se reconecte con el amor y supere traumas emocionales relacionados a parejas anteriores.

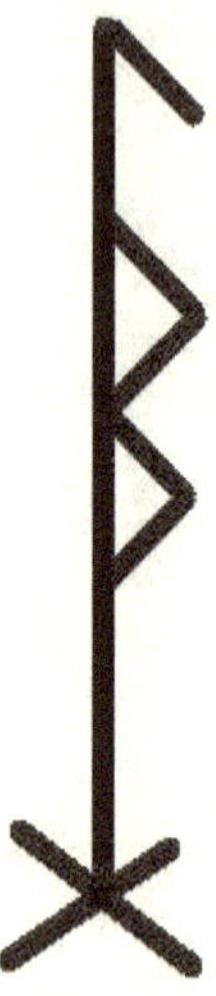

Bindrune de Atracción, Mujer: Este es un Bindrune que se utiliza para abrir los caminos en el amor y atraer el amor de una mujer a la vida de la persona (no se usa para una persona en especial). En endulzamientos es utilizado para que la persona que lo solicita pueda abrirse al amor de una mujer y que se abran los caminos para dicha persona.

: Este es un Bindrune que se utiliza para abrir los caminos en el amor y atraer el amor de un hombre a la vida de la persona (no se usa para una persona en especial). En endulzamientos es utilizado para que la persona que lo solicita pueda abrirse al amor de un humbre y que se abran los caminos para dicha persona.

Pentaculo de Venus

Caracteres de Venus

A continuación, les brindo un material sobre la práctica de enraizamiento y como realizarla, para aquellos que no estén familiarizados con ella.

Introducción al enraizamiento

El Enraizamiento es una técnica fundamental para un practicante de magia.

Existen distintas formas de centraminto/enraizamiento ya que cada tradición mágica las ha adaptado a su propia cosmovisión. Pero todas las tradiciones buscan hacer un anclaje espiritual en el presente y conectando con las fuerzas elementales y la red energética/cósmica. Utilizando esta clase de prácticas como preparación para un ritual o trabajo mágico, como también de forma diaria por los practicantes que buscan un desarrollo espiritual y llevar una vida alineada con las energías fundamentales y con su conciencia en el presente.

A continuación, se presenta una forma de realizar dicho enraizamiento que puedes utilizar para practicas mágicas, y de forma diaria, la cual no está asociada a una tradición mágica en especial, sino que posee solo la influencia de la Brujería tradicional y las tradiciones Feericas, buscando que el practicante pueda conectar en ellas con la Madre Tierra, el Padre Estelar, la energía femenina sagrada y masculina sagrada, su linaje y ancestros, las fuerzas elementales y claro su propia esencia presente autentica.

Aclaración: si nunca has realizado esta clase de prácticas, lo recomendable es comenzar a hacerla de forma diaria para generar un hábito mágico y acostúmbrate a conectar con estas, el realizarlo te traerá múltiples beneficios como: Mayor tranquilidad en el día a día, una mente más clara, la intuición más activa, aumento del estado de bienestar debido al alimento espiritual que recibes con cada práctica, etc.

Siéntate cómodamente y permite que tu cuerpo se relaje, dejando ir todas las preocupaciones de tu vida cotidiana. Observa la espiración a medida que fluye dentro y fuera de tu nariz, y cuenta 20 inspiraciones y exhalaciones.

Realizamos el anclaje con las siete direcciones. El anclaje implica alinearnos con las direcciones eternas e inamovibles de Arriba, abajo, adelante, atrás, derecha, izquierda y centro. Al mismo tiempo abre la encrucijada el lugar metafísico donde inicia y termina toda magia.

Arriba: Siente la grandeza del cielo que te cobija, en cada inhalación trae esa grandeza hacia el centro de tu pecho y al exhalar siente la expansión que le acompaña.

Abajo: Siente la fuerza de gravedad que te mantiene conectado al piso, toma conciencia de la fuerza de vida que proviene de la tierra, dándote alimento y refugio, inhala esa fuerza vital hacia ti sintiendo que sube por tu cuerpo hasta llegar al centro de tu pecho.

Adelante: todas las cosas se mueven de un estado a otro, es por esta razón que nos alineamos intencionalmente con el destino más favorable para traerlo al centro.

Atrás: Todo viene de un lugar, todo tiene un origen este origen en nuestro caso es ancestral pero también divino y salvaje, aquí convocamos a todo lo que nos ha traído al presente, nuestros ancestros, vidas pasadas y las fuerzas divinas que tuvieron la inspiración de manifestarnos.

Izquierda: Desde la memoria de la Tierra se levanta un humo, una bruma que contiene la presencia de las Madres de la Sabiduría, las sacerdotisas primigenias con las cuales estamos alineados y a las que les pedimos nos sostengan.

Derecha: Desde la derecha se levanta el mismo humo con la presencia de los padres de la Sabiduría, cumpliendo el mismo rol que las madres y balanceando así lo masculino y femenino.

Centro: Juntamos en el centro, cielo y tierra, adelante, atrás, izquierda y derecha permitiendo que con nuestra respiración se abra ese espacio de infinitud donde el dios como luz y la Diosa como aliento respiración, ritmo se juntan y nos volvemos un pulso redentor que recuerda la luz estelar que despertó toda vida. Visualiza una flama de color naranja intenso que se ha encendido en el centro de tu pecho. El anclaje nos permite abrir la encrucijada, el lugar donde toda magia empieza y termina.

Toma una inspiración profunda, llenando los pulmones y enfocando tu atención en el centro de tu pecho, donde ahora se encuentra encendida como una flama de color naranja, exhala y deja que un hilo de luz del centro del corazón se dirija hacia el centro de la tierra atravesando sus múltiples capas.

Toma otra inspiración y exhala yendo lo más profundo que puedas. En tu visión interior visualiza una fuente de flama azul, conéctate con esta flama azul platinada e inhala tres veces y retén la respiración mientras pulsas el perineo y visualizas como la flama azul sube desde la tierra hacia ti, tomando la forma de una serpiente de flamas azul-platinadas.

Inspira, sostén la respiración y visualiza la energía regresando a lo largo del haz de luz, desde el centro del cuerpo de la Madre hacia arriba, pasando por todos los niveles de la Tierra y re-ingresando a tu cuerpo a través de tus pies y tu chakra base hasta llegar al corazón. Exhala, visualizando como la flama naranja y la flama azul platinada del inframundo se fusionan.

Inspira, sostén la respiración y toma conciencia del cielo que se encuentra sobre ti. Exhala.

Inspira, llevando la atención al centro del pecho, y exhala, observa un haz de luz, expandiéndose desde la flama del corazón hacia arriba, atravesando tu chakra corona, saliendo de él, ascendiendo e introduciéndose en el aire sobre tu cabeza, yendo hacia arriba y atravesando el techo. Obsérvalo viajar en el cielo, a través de las nubes y la atmósfera y hacia más arriba, en el profundo azul índigo del espacio. Observa cómo se mueve cruzando y atravesando el sistema solar, alejándose de la tierra y del sol. Visualízalo moviéndose a través de la galaxia y el universo, alcanzando la estrella brillante más lejana que puedas imaginar. Él es el Padre Estelar. Exhala. Repite tus inspiraciones y sostén el aire hasta que la imagen se vuelva estable. Imagina que empieza a caer del cielo una cascada de fuego blanco dorado como un reflector sobre ti.

Inspira, sostén la respiración y empieza a pulsar el perineo, mientras observas la energía pulsando a lo largo del haz de luz mientras va tomando la forma de una paloma o fénix de fuego blanco dorado que se dirige hacia ti. Deja que entre por la coronilla y descienda hasta el centro del pecho, donde se halla la flama naranja... Exhala.

Inspira, sintiendo como se funden la flama blanca dorada con la flama naranja y el azul platinado y visualiza una explosión de luz. Siente como los hilos luminosos de esta explosión son los hilos que te conectan a todo el resto del universo. Haz juntado las tres flamas y has abierto un portal, siente tu conexión con el tejido de la vida e irradia tu luz y bendiciones a este tejido.

Manteniendo la apertura de tu corazón, muévete más profundo dentro de tu centro en el lugar de paz y

serenidad interior. Una vez que hayas alineado tu triple
Alma, puedes sentir como los hilos de luz del centro de
tu corazón: que ahora es un portal abierto, te conectan
con absolutamente todas las cosas, siente como esos
hilos te conectan a los lugares de poder de tu tierra como
los bosques, montañas y llanos que has visitado y al
mismo tiempo con esos lugares que están al otro lado
del mundo, entra en comunión con esa red y envíale tus
bendiciones.

A continuación, se presentan las hierbas que se utilizan en los rituales que vimos en este texto, para que tengan sus correspondencias y usos mágicos.

Canela (Cinnamomum verum)

Género: Masculino.

Planeta: Sol.

Elemento: fuego.

Deidades: Venus y Afrodita.

Propósitos mágicos: Espiritualidad, éxito, curación, poder, poderes psíquicos, amor, sexualidad y belleza.

El aroma del incienso de canela eleva las vibraciones espirituales, favorece a la curación tanto física como emocional, estimula el desarrollo de los poderes psíquicos y produce vibraciones protectoras tanto al espacio físico como a nivel energético de las personas. Sus notas picantes estimulan el deseo y la sexualidad en la pareja, puesto que crea un ambiente que energéticamente favorece a ello.

Rosa (Rosa spp.)

Género: Femenino.

Planeta: Venus.

Elemento: Agua.

Deidades: Hathor, Huida, Eros, Cupido, Deméter, lsis, Adonis, Harpocrates y Aurora.

Propósitos mágicos: Amor, poderes psíquicos, curación, adivinación amorosa, suerte y protección

Los pétalos de la rosa se utilizan para atraer la energía del amor debido a su asociación con las emociones. El aroma del sahumerio de rosas puede atraer a las hadas.

También pueden atraer a la suerte y actuar como protector personal.

Género: Femenino

Planeta: Venus

Elemento: Agua

Propósitos mágicos: Amor, sexualidad, armonía, protección.

El olor del almizcle favorece a las energías asociadas al placer sexual, la sensualidad y el deseo, disminuyendo la inhibición en la pareja. El incienso con la presencia de almizcle es ideal para rituales, hechizos y prácticas mágicas asociadas a la energía del amor y la protección del amor en pareja.

Jazmín (Jasminum officinale o J. odoratissimum)

Género: Femenino.

Planeta: Luna.

Elemento: Agua.

Propósitos mágicos: Amor, dinero, sueños proféticos.

Las flores del jazmín pueden atraer el amor espiritual lo contrario del amor físico puesto que esta flor atrae solo que es armonioso y a fin energéticamente a cada

persona. El sahumerio de esta flor puede provocar
sueños proféticos e inducir al sueño.

Violeta (Viola odorata)

Género: Femenino.

Planeta: Venus.

Elemento: Agua.

Deidad: Venus.

Propósitos mágicos: Protección, Suerte, amor, deseo
sexual, deseos, paz y curación.

El sahumerio de Violeta ofrece protección contra la negativa o energías de baja vibración, su aroma es un potente estimulante amoroso y también afrodisiaco. También puede calmar el mal humor, como inducir el sueño.

Género: Femenino.

Planeta: Luna

Elemento: Agua.

Propiedades mágicas: Amor, amistad, familia, protección y salud.

Las flores de azahar pueden producir estados de tranquilidad y paz dentro de un hogar, armonizando a las personas que la conforman. Produce protección y aleja a las personas indeseadas. Ayuda a reforzar energéticamente la salud potenciando el proceso de recuperación. Su aroma favorece al amor en pareja.

Género: Masculino.

Planeta: Sol.

Elemento: Fuego.

Deidad: Oshun

Propósitos mágicos: Amor, adivinación, suerte y dinero

Las cascaras rayadas secas o el aceite esencial en los inciensos, elevan y fortalecen las frecuencias del amor y felicidad en la pareja. También puede combinarse sus propiedades junto a hierbas de abundancia para atraer el éxito y el dinero. Su aroma favorece al despertar adivinatorio en secciones de lecturas oraculares.

Romero (Salvia rosmarinus)

Género: Masculino.

Planeta: Sol.

Elemento: Fuego.

Propósitos mágicos: Protección, amor, deseo sexual, poderes mentales, exorcismo, purificación, curación, sueño y juventud.

Puede agregarse las hojas del romero en el preparado de inciensos enfocados al exorcismo por sus propiedades purificadoras que alejan y destruyen la negatividad que esta cernida sobre una persona o espacio físico. Puede ser encendido su incienso antes de realizar algún ritual y durante o al finalizar una sección de limpias energéticas. Favorece en el fortalecimiento de los poderes mentales, concentración y aprendizaje.

Género: Masculino.

Planeta: Marte.

Elemento: Fuego.

Usos Mágicos: Es utilizada para el éxito, la abundancia, el logro de objetivos, la expansión de proyectos. También es ideal para preparados de amor, para sexualidad y despertar la pación en parejas.

Además, es ideal para fortaleza persona, incrementar la autoestima, la confianza, seguridad y como protección.

Género: Femenino.
Planeta: Venus.
Elemento: Agua.
Deidad: Venus.
Propósitos mágicos: Protección, Suerte, amor, deseo sexual, deseos, paz y curación.

El sahumerio de Violeta ofrece protección contra la negativa o energías de baja vibración, su aroma es un potente estimulante amoroso y también afrodisiaco.

También puede calmar el mal humor, como inducir el sueño.

Género: Masculino.

Planeta: Mercurio.

Elemento: Fuego.

Deidad: Plutón.

Propósitos mágicos: Purificación, sueño, psiquismo, curación y dinero

Se agregan las hojas de menta para atraer la energía de la curación y de purificación. Su aroma permite la elevación de las vibraciones facilitando la apertura del psiquismo en las prácticas mágicas y oraculares asociadas a este propósito.

Género: Femenino.
Planeta: Venus.

Elemento: Agua.

Deidades: Venus, Dionisos, Apolo, Hera, Atenea, Afrodita, Diana, Zeus, Idunn.

Propósitos mágicos: Amor, curación.

La madera del manzano puede trasmitir la energía del amor, produciendo una apertura del corazón para proyectar y así mismos recibir sentimientos armoniosos que traigan estabilidad emocional a la persona que tenga contacto con este. El manzano también es conocido por ser un árbol de gran sabiduría y la luz divina que trae el conocimiento, por tal razón su espíritu a través del sahúmo puede traer revelaciones espirituales ocultas produciendo seguridad a quien tiene contacto con él.

Bergamota (Citrus bergamia)

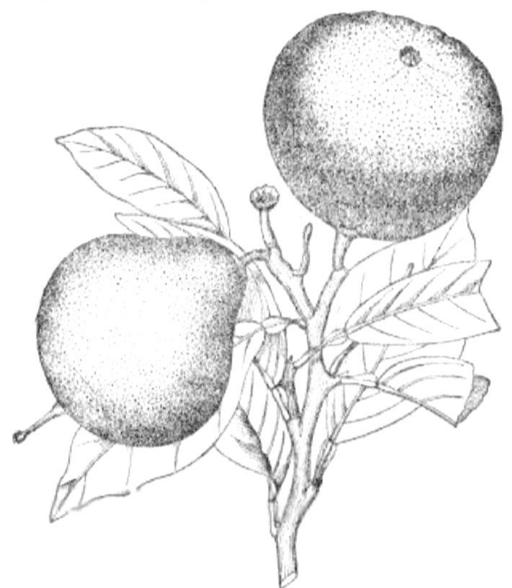

Género: Masculino

Planeta: Solar

Elemento: Fuego

Propósitos mágicos: Amor, protección, limpieza energética, éxito, seguridad, valor, poder y autoestima.

La bergamota es una planta con propiedades mágicas enfocadas a la protección, ayudando en la purificación de los lugares, así como alejar las malas energías y las vibraciones de baja frecuencia. Las propiedades de este fruto se le asocia al plexo solar y su armonización puesto que trabaja a nivel energético en la autoestima, por tanto, el aroma de bergamota en incienso puede producir sensaciones de seguridad, valor y poder personal.